AF296505

PLAIDOYER

POUR

LE GÉNÉRAL MIRANDA,

Accusé de haute trahison & de complicité
avec le Général en chef Dumourier,

Par CHAUVEAU LAGARDE.

A PARIS;

Chez BARROIS l'aîné, Libraire, Quai des Augustins, N°. 18.

CITOYENS

JURÉS.

C'EST une bien extraordinaire deftinée que celle d'un homme qui; dans toute l'Europe, eft connu par fa philofophie, par fes principes & par fon caractère, pour l'un des plus zélés partifans de la Liberté; qui chez les deux nations les plus libres, avant la révolution Françoife, l'Angleterre & l'Amérique, a pour amis les hommes les plus recommandables par leurs vertus, leur génie & leurs travaux en faveur de la liberté (a); qui, pour la liberté, a été perfécuté par le

____

(a) Nash, Hutfon, Francklin, Howard, Ramfay, Washington, Dickinfon, Hamilton, Greene, Moultry, T. Paine, S. Adams, Livingfton, Parfons, Price, Melvill, Prieftley, Jardin, Fox, Pigott, Martin, Marshal . . . .

A

defpotifme d'un pôle à l'autre ; qui toute
fa vie n'a réfléchi, refpiré, combattu que
pour elle, & lui a fait tous les facrifices
poffibles de fortune, d'ambition & d'amour
propre : c'eft, dis - je, une deftinée bien
extraordinaire que celle d'un tel ami de la
liberté, qui fe trouve pourtant accufé de
l'avoir trahie, au moment même où il la
défendoit glorieufement les armes à la main,
& de l'avoir trahie de concert avec l'homme
qui étoit alors fon plus mortel ennemi,
dont il dénonçoit les projets liberticides,
& qui, le calomniant alors auprès des repréfentans du peuple, le livroit comme un traitre
à la vengeance nationale, précifément parce
qu'il trouvoit en lui l'incorruptible ennemi
de fa trahifon.

Mais ce qui n'eft pas moins extraordinaire, peut-être, c'eft que cette accufation
qui, par fes détails, fembloit d'abord devoir
être extrémement compliquée, fe trouve
aujourd'hui, par le réfultat des débats, ré-
duite à une fi grande fimplicité, que s'il
eft une chofe difficile pour moi, ce n'eft pas
de chercher ce que je dois dire ; mais de
trouver ce qui me refte à dire encore.

En effet, Citoyens-Jurés, le général

[3]

Miranda , par fes réponfes , a tout expliqué,
tout éclairci , tout prouvé , de manière
qu'après s'être montré dans les confeils &
dans les armées l'un des plus éclairés & des
plus intrépides défenfeurs de la République,
il s'eft montré dans ce Tribunal le plus élo-
quent défenfeur qu'il put avoir pour lui-
même ; & que s'il m'a laiffé quelque tâche
à remplir , c'eft moins pour fa juftification
que pour fon apologie : encore cette apologie
ne fera-t-elle pas difficile ; je rapporterai
quelques-unes de fes paroles , & je peindrai
fes actions.

Je vais donc , Citoyens Jurés , me borner
à vous tracer le tableau fidèle de fa vie , &
fur-tout de la conduite qu'il a tenue au
fervice de la République Françoife ; & cet
expofé feul , avec quelques réflexions très-
fimples , fuffira pour démontrer qu'au lieu
d'avoir trahi la patrie , il en a toujours bien
mérité ; & que loin qu'il doive attendre
d'elle aucun blâme , il pourroit lui demander
quelque reconnoiffance , s'il ne fe croyoit
pas trop bien payé par le bonheur de l'avoir
fervie.

Mais il fait qu'en la fervant il a rempli
fon devoir , fa récompenfe eft dans fon

cœur ; loin de fe plaindre de la calomnie qui l'amène devant vous , il s'en félicite, puifqu'il y trouve l'avantage de rendre à fes concitoyens un compte honorable de fa conduite ; & cette accufation , loin de ternir fa gloire , ne la rendra que plus éclatante, en ajoutant fur fon front la *couronne de l'innocence* aux lauriers de la victoire.

Et vous , Citoyens, qui rempliffez cette augufte enceinte , vous qui ne feriez pas républicains fi vous n'étiez humains & juftes ! daignez m'écouter avec la dignité d'un peuple libre , qui en craignant de voir abfoudre le crime , defire fur - tout de voir triompher l'innocence : & fongez bien , je vous en conjure , aux preuves éclatantes que vous a déjà données ce Tribunal ; que fi la patrie offenfée trouve en lui des vengeurs redoutables , la juftice reconnoiffante y trouve auffi des organes confolateurs.

La famille de Miranda , originaire d'Efpagne , eft établie depuis deux fiècles à l'Amérique du Sud, où elle a toujours vécu avec confidération , dans la province de Venezuela , occupant des places civiles & militaires ; & lui-même eft né, en 1754,

[5]

fur les montagnes des Andes, dans la province de Caracas C’eft une obfervation par
laquelle j’ai dû commencer, parce que la
calomnie, pour donner au moins quelque
ombre de vraifemblance aux délits qu’on
lui imputoit à Maeftricht, a fuppofé qu’il avoit
pris naiffance dans cette ville, & qu’il y
avoit même encore fes parens.

Je ne parlerai pas, quelqu’avantage que
je puffe en tirer, du caractère qu’il a dé-
ployé dès fon enfance, & de la première
éducation qu’il reçut alors dans l’univerfité
de Caracas.

Je vous demanderai feulement, Citoyens,
qu’il me foit permis de dire quelques mots
de fa vie morale & politique, avant l’époque
où il a eu le bonheur de fervir les armées
de la République Françoife, vous y verrez
comment il eft poffible qu’un pareil homme
ait jamais eu l’idée de trahir la liberté.

Sa haine contre le fanatifme & l’oppreffion qui régnent dans cette partie de l’Amérique lui fit fouhaiter de bonne heure d’en
fortir & de voyager.

Plein de ce fentiment invincible, il partit
à l’âge de dix-fept ans, pour l’Europe. Le roi

d'Espagne offrit à sa famille, dans un des régimens de l'armée, une compagnie, qui lui fut donnée, lors de son arrivée à Madrid. Mais moins occupé des emplois & des rangs que de son instruction, il fit venir de France des maîtres de mathématiques & de génie, qui l'instruisirent dans ces différentes sciences, le gouvernement ne voulant pas lui permettre de sortir du Royaume.

La guerre qui éclata en Afrique contre l'Espagne, lui fournit l'occasion de faire son premier essai dans l'art militaire ; ce qu'il fit dans les campagnes d'Alger, & dans la défense de la place de Mélilla en Afrique.

Cette guerre étant finie, celle de l'Amérique du Nord contre l'Angleterre lui fit demander l'honneur d'aller servir la cause des Américains. Il fut encore refusé.

Alors il fut à Gibraltar, où il eut occasion d'examiner les troupes Angloises & Hanovriennes, qui étoient arrivées pour relever la garnison, qui se rendit en Amérique ; & là il fit sa première étude comparative de l'infanterie.

Dans cet intervalle, il cultivoit la philosophie & la littérature ; ce qui ne manqua pas de lui attirer la haîne de l'Inquisition, qui,

ne pouvant faire de fa perfonne un *Autodafé*,
fe vengea fur fa bibliothéque philofophique,
en la livrant aux flâmes.

La guerre entre l'Angleterre, la France &
l'Efpagne fur l'indépendance de l'Amérique
du Nord, ayant été déclarée, il demanda du
fervice pour paffer dans cette dernière con-
trée; ce qui lui fut accordé à l'armée Efpa-
gnole, qui marchoit en Amérique. Il partit
en qualité d'aide-de-camp du général en chef.
L'ouverture du port de la Havane pour le commerce Américain; la conquête de la Floride
de l'Oueft ; celle des ifles de Bahama ; le
départ de M. de Grace pour Chéfapéak,
dont le réfultat fut la prife de l'armée An-
gloife & l'indépendance de l'Amérique du
Nord; enfin l'invafion projetée de la Jamaïque,
furent, plus ou moins, l'ouvrage de fes confeils ; il prit part à leur heureufe exécution, pour l'intérêt de la liberté dans le
Nouveau-Monde.

L'affaire importante de l'indépendance étant
terminée, & l'Efpagne ayant pris quelqu'om-
brage au fujet des relations de Miranda avec
l'Amérique du Nord, de fes idées fur la liberté du peuple, & de fon averfion pour la
tyrannie qui régnoit dans le gouvernement

des colonies Efpagnoles, il quitta le fervice, pour fe fouftraire à la perfécution qui le menaçoit & fe dévouer entièrement aux voyages & à fon inftruction.

Il commença par examiner l'Amérique du Nord, d'un bout à l'autre, obfervant la forme de fon gouvernement, & les moyens par lefquels s'étoit opérée cette immortelle révolution. La fréquentation des fociétés & des principaux individus qui eurent part à ce grand événement, *le mit à portée* de recueillir toutes les informations qu'il pouvoit défirer; & les fites des différens lieux où les batailles fe donnèrent, ainfi que les converfations avec les généraux qui y furent acteurs, lui firent juger du mode par lequel un peuple agricole & fimple défendit fa liberté contre les troupes les mieux difciplinées de l'Europe, & jetta les fondemens d'une autre révolution, qui pût étendre ce même bonheur dans tout le Nouveau-Monde.

Cette recherche terminée, il paffa en Angleterre, pour examiner également la forme du gouvernement. En vain y fonda-t-il fes difpofitions, pour coopérer au bonheur général de fon pays, qu'il avoit en vue; elles lui femblèrent, par l'embarras où ce gouvernement fe trouvoit alors, ne devoir pas être de long-temps favorables à ce projet philantropique, il réfolut de s'en occuper encore, en parcourant tous les pays de l'Europe ; &, pour l'exécution de cette glorieufe entreprife, il fit, à l'exemple de Platon, le facrifice d'une partie de fa fortune, &, par-là, fe montra digne de nous rappeller cet ancien fage, dont l'imagination, même dans fes écarts, prouve les grands talens & les grandes vertus (1).

Il quitta Londres pour fe rendre en Pruffe, où il affifta aux grandes revues que Frédéric faifoit de fes armées en 1785 ; & cet examen lui fit connoître jufqu'à quel dégré de perfection cet infatigable guerrier avoit porté l'art militaire : il en étudia les principes pendant deux mois à fon école.

De-là il paffa en Saxe & en Autriche, où les mêmes obfervations lui firent juger comparativement de l'art militaire en Europe.

Enfuite il fut en Italie, où le mélange de

____

(1) Platon vendit l'huile qu'il portoit d'Athènes en Egypte, pour défrayer fes voyages, felon Plutarque ; & M——a vendit fa bibliotéque à la Havane, pour fubvenir aux fiens : M. *Seagrove*, habitant des Etats-Unis fit cette précieufe acquifition.

prefque toutes les formes de gouvernement, offre, dans leurs nuances diverfes, le tableau des différens dégrés de malheur ou de bonheur que l'efclavage ou la liberté peut procurer aux peuples ; paffa en Grèce, où le port du Pyrée, les villes d'Athènes, de Corinthe, d'Argos, de Sparte & de Thèbes, offrent encore dans leurs reftes antiques une confirmation de tout ce que l'hiftoire nous rapporte des peuples illuftres qui les ont autrefois occupés ; partit pour l'Egypte & pour l'Afie mineure, autrefois fi fameufe par les colonies Grecques qui établirent & foutinrent la liberté fur fes côtes ; alla jufqu'à Conftantinople, dont le gouvernement extraordinaire préfente un contrafte fingulier avec tous les autres gouvernemens répandus fur le globe ; traverfa la mer Noire, dans le défir d'y étudier l'hiftoire du commerce & de la navigation de la Grèce ; & parcourut enfin toute la Tauride, cette province poffédée depuis quelques années par la Ruffie, & dans laquelle une armée de foixante mille hommes, qui l'occupoit alors, lui préfentoit le tableau de la force terreftre de ce vafte empire, qu'un génie heureux a, tout-à-coup, & comme par l'effet d'un pouvoir magique, tiré du fein de la barbarie où il étoit plongé depuis des siècles, pour le porter à la civilisation, & pour ainsi dire au plus haut dégré de puissance.

Dans ce voyage, il vit le prince Potemkin, principal ministre de l'empire, qui désirant connoître le système politique des différens pays de l'Europe que Miranda venoit de parcourir, l'invita à l'accompagner dans les voyages qu'il faisoit dans la Tauride; ce qui produisit entre eux une amitié très-vive.

A la fin de ce voyage, Potemkin l'ayant engagé de la part de l'impératrice, à l'aller voir à Kiow, il y consentit avec quelque répugnance, craignant que cela n'interrompît le cours de ses voyages, qui se dirigeoient au Nord. L'impératrice le reçut avec les plus grandes marques de distinction, en l'invitant à faire quelque séjour auprès d'elle, & il eut occasion de voir encore l'empereur Joseph II, & le roi de Pologne qui étoient près de Kiow.

Cette circonstance lui fit connoître tous les personnages de ce temps, ainsi que leur cour; ce qui ne laissa pas d'ajouter beaucoup à ses observations à cet égard, & à son éloignement pour tout ce qui environne la royauté.

Il vous prie, citoyens, de permettre ici qu'il vous dise un mot des offres qui lui furent faites alors par l'impératrice ; non pour en tirer une vanité, qui ne feroit que ridicule, fur-tout devant des républicains ; mais pour vous montrer le prix qu'il a mis dans tous les temps aux faveurs des cours, & à la pompe des diftinctions & des rangs.

Dès l'inftant que l'impératrice l'eut connu, elle écrivit cette le ttre circulaire à fes miniftres.

LETTRE circulaire à tous les ambaffadeurs & miniftres plénipotentiaires de fa majefté impériale de toutes les Ruffies, Catherine II, dans les différentes cours de l'Europe.

   « M O N S I E U R ,

  » D. FRANCISCO MIRANDA, colonel au » fervice de fa majefté Catholique, étant arrivé » à Kiow pendant le féjour que l'impératrice » y a fait, a eu l'honneur d'y être préfenté à » fa majefté impériale, & de fe concilier, par » fes mérites & fes qualités diftinguées, & » entr'autres par les connoiffances qu'il a » acquifes par fes voyages dans les différens » continens du globe, les fuffrages de notre » augufte fouveraine.

  » Sa majefté Impériale voulant donner à » M. Miranda une preuve fignalée de fon » eftime & de l'intérét particulier qu'elle » prend à lui, enjoint à votre excellence,

[13]

» lorfqu'elle recevra la préfente lettre de ma
» part , de faire à cet officier un accueil
» conforme au cas , qu'elle-même fait de fa
» perfonne ; de lui témoigner tous les foins
» & toutes les attentions poffibles , en lui
» accordant fon affiftance & fa protection
» chaque fois qu'il en aura befoin , & qu'il
» voudra lui-même y avoir recours ; & enfin
» de lui offrir , le cas échéant , fa maifon
» même pour afyle.

   » L'Impératrice vous recommandant ,
» Monfieur , ce colonel d'une façon auffi
» diftinguée , a voulu conftater par là à
» quel point elle affectionne le mérite là où
» elle le trouve , & qu'un titre immanquable
» auprès d'elle à pouvoir afpirer de préfé-
» rence à fes bontés & à fa haute protec-
» tion , eft celui d'en pofféder autant que
» M. Miranda.

   » J'ai l'honneur d'être avec les fentimens
» d'une confidération très-diftinguée,

MONSIEUR,

DE VOTRE EXCELLENCE,

Le très - humble &
très-obéiffant ferviteur.

Signé , Le Comte DE BEZBORODKO.

A Kiow, le 22 d'Avril 1787.

D'après les fentimens exprimés dans cette lettre, l'Impératrice offrit alors à Miranda tel pofte qu'il voudroit dans fes armées ou à fa cour, en lui donnant pour motif que les préjugés fanatiques & la politique mefquine de l'Efpagne ne pourroient jamais convenir à fes principes. Il la remercia, en lui difant que fes voyages n'avoient point pour but l'ambition, mais feulement le défir de s'inftruire, & de rendre un jour cette inftruction utile à fes pauvres compatriotes, exceffivement opprimés par un gouvernement arbitraire. Mais fans défap-prouver fes fentimens, elle lui déclara qu'il pouvoit dès lors regarder la Ruffie comme fa propre patrie : & (c'eft un hommage qu'il doit rendre à cette femme célèbre,) inutilement le miniftre Efpagnol, au nom de fon maître, le réclama - t - il comme un individu néceffaire à l'Efpagne; en ajoutant, fur le refus de l'Impératrice, que s'il n'y retournoit pas, *l'empire Efpagnol étoit en danger.* Elle répondit : « Que fa perfonne ne pouvoit » pour lors être mieux qu'en Ruffie, & qu'elle » feroit charmée qu'il voulût bien y refter » pour toujours. »

Ces offres, honorables & flatteufes pour

un homme qui n'auroit pas préféré la liberté à tout, croyez-vous, Citoyens, que Miranda fût tenté même de les accepter? Il les refufa, comme il auroit fait l'efcla-vage; & continua fes voyages, déjà trop long-temps interrompus, au gré de fes projets philofophiques.

De Petersbourg il fe rendit en Suède, où il eut occafion de voir, dans la Dalécarlie, les beaux reftes de cette nation libre & cé-lèbre. De là il paffa en Norvège, où la liberté bannie du refte de l'Europe, s'étoit refugiée avec les arts, ainfi qu'en Iflande, fous la forme républicaine, & préparoit, dans les onzième, douzième & treizième fiècles, la conquête de l'Ecoffe. De Norvège il fut en Dannemarck, où il apprit que le gouvernement Efpagnol, plus jaloux que jamais de fon entreprife, avoit, mais inuti-lement, fait des démarches pour l'arrêter à Stockholm. Enfuite il fut voir les fameufes villes Anféatiques de Lubek, Dantzick, de Bremen & de Hambourg, où le commerce fleuriffant fous les aufpices de quelque liberté, offre encore les reftes de leur ancienne fplen-deur. Il fe rendit en Hollande au moment où le peuple faifant des efforts pour fecouer le

Joug du Statouderat, fut malheureufément opprimé par la puiffance Pruffienne ; & enfin paffa dans les Pays-Bas Autrichiens, qui, pour fe fouftraire au defpotifme de l'Autriche, faifoient des efforts d'autant plus inutiles, que leur entreprife avoit pour mobile le fanatifme beaucoup plus que l'amour de la liberté, & ne pouvoit par conféquent, ni réuffir, ni rendre le peuple heureux.

Il partit enfuite pour la Suiffe, où le tableau des différens gouvernemens, plus ou moins libres, lui fit voir ce que la politique peut produire pour le fort des hommes ; & le confirma dans l'idée qu'il avoit particulié-rement rapportée d'Italie, que le peuple n'arrive jamais au dernier degré de bonheur que dans les gouvernemens démocratiques.

La France alors attiroit fes regards ; il brûloit d'y aller obferver un peuple encore efclave, mais dont l'antique bravoure, éclairée par la philofophie, les fciences & les arts, annonçoit affez qu'il n'étoit plus fait pour l'efclavage.

Mais alors la France encore alliée de l'Efpagne, ne lui offroit pas un afyle affuré contre la tyrannie du gouvernement de Madrid : il fut obligé d'attendre un temps

plus

plus heureux ; & , après avoir traversé rapidement la partie méridionale de la France,
& visité ses arsenaux & ses villes maritimes,
pour y suivre la marche de l'industrie & du
commerce, il se rendit en Angleterre, em-
portant avec lui l'espérance de voir bientôt
les François républicains, tant il avoit trouvé
dans leurs assemblées populaires de ce bon
sens qui devoit nécessairement les conduire
à l'indépendance.

A son arrivée à Londres, il apprit avec
plaisir les progrès rapides que la liberté
venoit de faire dans la république Améri-
caine du Nord, pour le bonheur du peuple,
& la disposition du gouvernement Britannique , à seconder son projet de l'établir
enfin dans tout le continent Américain ; &
il s'en rencontra bientôt après une occasion
favorable dans l'affaire de Nootkasonnd ; mais
par une fatalité singulière , qu'on ne peut
attribuer qu'à l'inepte avarice du ministère
Britannique , ou à sa malveillante jalousie
pour la liberté des autres peuples, cette affaire
importante fut terminée par une simple *convention*, & l'occasion échappa d'étendre les vrais
principes sur tout le continent de l'Amérique,
& de préparer ainsi , par une alliance néces-

B

faire entre l'Amérique du Sud & l'Angleterre, la prépondérance abfolue de la liberté fur le defpotifme.

Enfin ce que Miranda n'avoit pu faire à Londres, il conçut alors l'efpérance de le faire à Paris.

Déjà le trône ébranlé jufque dans fes fondemens, y étoit prêt de fa chúte, lorfqu'il y vint enfin dans le mois d'avril 1792; & la journée du 10 août l'ayant convaincu que le peuple avoit toute l'énergie néceffaire pour défendre fa liberté, il conçut l'efpoir de voir exécuter fes plans qu'il offrît alors comme un don patriotique fait à la France; & le confeil exécutif l'engageant à accepter du fervice dans les armées, il y confentit, & prit le rang de maréchal-de-camp.

Arrivé le 7 feptembre à l'armée qui étoit aux ordres de Dumourier, à Grand-Pré, il fut envoyé le lendemain, par ce général, faire une reconnoiffance fur les ennemis, qu'il trouva aux villages de Mortome, & Briknai, & il eut l'avantage de les repouffer avec une force de deux mille hommes, contre une de fix mille, tant infantérie que cavalerie.

Le 14, il fit une reconnoiffance fur la Croix - au - Bois, où il découvrit le mouvement rétrograde de nos troupes fur Vouzière, & la pofition avantageufe que les ennemis avoient gagnée , ce qui occafionna cette fameufe retraite que nous fîmes dans la même nuit du camp de Grand-Pré , & qui pour lors fauva l'armée.

Dans cette retraite il eut l'honneur de commander le corps de l'armée, ayant confervé fa divifion entière réunie à Varge-moulin, dans le moment même, où par une de ces terreurs paniques inexplicables, qui ont, au rapport de nos hiftoriens, fait fuir à la fois deux armées en préfence l'une de l'autre, toutes nos troupes s'étoient débandées depuis Courtemont jufqu'à Châlons.

Bientôt cette conduite lui valut un grade fupérieur ; il reçut le 3 octobre, fans lé demander, le rang de lieutenant-général des armées de la République, & prit le commandement d'une divifion , qui étoit en marche vers Valenciennes, pour faire lever le fiège de Lille.

Le confeil exécutif ayant defiré alors qu'il vînt à Paris pour le confulter fur des plans politiques & militaires, relatifs à l'Amérique du Nord , &c. ; il s'y rendit, & préfenta fes obfervations au comité diplomatique &

au conseil exécutif : elles furent jugées conformes aux intérêts de la République ; en conséquence il écrivit au président, & aux ministres des Etats-Unis : & c'est une bien douce consolation pour lui d'apprendre que ses lettres ont coopéré essentiellement, en Amérique, à faire reconnoître l'indépendance de la République Françoise.

A son retour à l'armée, il reçut un ordre d'aller prendre le commandement en chef de l'armée du Nord, qui se trouvoit paralisée devant Anvers ; & je vous prie, Citoyens, d'observer comment il s'est comporté à cette époque où on lui confioit une armée entière de la République, & dès lors de grands moyens de trahir, s'il avoit été capable de trahison.

Quand il arriva devant Anvers, la tranchée commencoit à s'ouvrir, il n'y avoit pas encore un mortier d'arrivé ni une batterie de tracée : c'est en destituant un officier d'artillerie & en menaçant plusieurs autres du même traitement qu'il parvint à ranimer dans tous l'activité nécessaire, & qu'il obtint un prompt succès : en cinq jours les préparatifs furent achevés, les ouvrages construits, la citadelle prise ; & le langage républicain de cette capitulation mérita les éloges de tous les repréfentans du peuple.

Ce premier fuccès obtenu, fait-il de fon pouvoir un moins bon ufage? Il marche rapidement depuis Anvers jufqu'à Mafeick; paffe en fix jours la Meufe & la Roër, & s'empare de Ruremonde & de toute la Gueldre Autrichienne, après avoir battu un corps de cinq à fix mille hommes, poftés dans cette ville, & leur avoir fait repaffer le Rhin, ainfi qu'aux troupes du roi de Pruffe, qui pour lors fe trouvoient dans le duché de Clèves, le comté de Meurs & la Gueldre Pruffienne.

Il fait plus, après avoir ainfi défendu la patrie de fon épée, il la fert encore de fes confeils. Dumourier venoit de concevoir le projet de s'emparer de la Zélande : projet digne d'un flibuftier, par fa folie, autant qu'il auroit été funefte par fes conféquences; &, fur fes obfervations, le confeil arrête, & Dumourier lui-même reconnoît que ce projet doit être abandonné; que dis-je? citoyens, il fert la patrie par fes confeils! il la fert aux dépens même de fon amour-propre & de fes intérêts perfonnels : Dumourier le rappelle à Liége pour lui communiquer un ordre du pouvoir exécutif, qui lui proposoit le commandement en chef de quelques possessions d'outre-mer : rien n'étoit plus fait pour flatter son ambition ; mais rien ne lui paroissoit moins intéressant pour le service de la république ; il refuse tout, & fait abandonner ce plan, comme il venoit de faire rejeter celui de la Zélande, & comme il avoit fait suspendre les entreprises hasardées relatives à l'Amérique du Nord, &c.

De plus, cette intrépide défenseur de la patrie, ce sage conseiller de l'état, se montre encore un administrateur éclairé de l'armée. Elle se voyoit sur le point de manquer de subsistances, & par ses soins les subsistances lui sont rendues, & l'ordre se rétablit dans toutes les parties de l'administration. Enfin, sur les plaintes qui lui sont portées par des soldats volontaires, contre les commis & domestiques des bureaux d'un commissaire des guerres ; &, sur ce que le commissaire justifioit mal ces derniers, il en prend occasion de prouver ses sentimens patriotiques pour les défenseurs de la patrie, dont il parle avec une sorte de vénération.

Liége, 17 janvier 1793.

Le général Miranda au commissaire des guerres Lambert.

« JE vous ai fait appeler, citoyen, ce ma-
» tin, pour vous informer que des plaintes

» réitérées contre les commis ou domeſtiques
» de vos bureaux, me faiſoient croire que les
» ſoldats volontaires qui, au nombre de plus
» de trente, me les avoient faites en diffé-
» rentes occaſions, ne peuvent être que fon-
» dées: je vous invitois à prendre des meſures
» pour prévenir de pareils motifs dans l'a-
» venir. Au lieu de vous conformer, vous
» m'avez répondu par des menaces, & me
» diſant que vous alliez ſur le champ quitter
» votre poſte, & partir pour Paris. Ceci eſt le
» fait, & que le général, qui s'eſt trouvé préſent
» à toute la converſation, pourra vous atteſter.

« L'expoſé que vous me faites dans votre
» lettre eſt entièrement faux. Je vous exhorte
» à faire votre devoir & prévenir les abus
» dont on ſe plaint parmi *les reſp-ctables* vo-
» lontaires de l'armée, qui m'aſſurent revenir
» de trois lieues, où ſont leurs cantonnemens,
» & être très-mal reçus chez leur commiſ-
» ſaire. Je ne peux pas me perſuader qu'un
» nombre pareil d'hommes *reſpectables &*
» *honnêtes* diſent faux, & que le ſeul com-
» miſſaire Lambert, qui me fait aujourd'hui
» un expoſé *ſophiſtique*, ſoit infaillible.

Signé. MIRANDA.

» P. S. Le lieutenant-colonel adjudant-major
» de l'artillerie, Roche, vient dans ce moment-

» ci me porter plainte pareille à celle des volon-
» taires, & m'aſſure en avoir déjà, mais inutile-
» ment, porté une autre ſemblable au commiſ-
» ſaire Lambert, il y a quatre à cinq jours. »

Ici commencent les faits plus relatifs à l'accuſation, & c'eſt pour cela, citoyens, que
je vous prie de les ſuivre avec une attention plus particulière ; vous ne les trouverez
pas moins favorables à l'accuſé.

Tout le monde convient que Maeſtricht
eſt une place extrêmement forte, & ſi ce fait
notoire avoit beſoin de preuves, il ſuffiroit
de dire que Maurice de Saxe, avec cent trois
mille hommes, cent dix bouches à feu, &
après vingt-ſept jours de tranchée ouverte,
n'en avoit pas pris encore un ouvrage exté-
rieur, & n'a pu l'occuper que par ſuite des
préliminaires de la paix.

Mais il n'importe, Dumourier charge Miranda, non pas d'*aſſiéger* cette ville, comme
avoit fait Maurice de Saxe, mais ſimplement
de la *bombarder* ; non pas de l'aſſiéger, comme
avoit fait Maurice de Saxe pendant l'eſpace
d'un mois entier, mais de la bombarder en
ſept à huit jours ; non pas de l'*aſſiéger*, comme
avoit fait Maurice de Saxe, *pendant un mois
entier, avec cent trois mille hommes & cent dix*

bouches à feu, mais de la *bombarder en sept à huit jours*, avec *vingt-cinq bouches à feu & seize mille hommes*; & remarquez, citoyens, qu'en lui confiant cette tâche inexécutable, il lui écrivoit, qu'au moyen des intelligences qu'il avoit dans la ville, " Il étoit sûr que le
" pays étoit bien disposé; que le commandant
" n'étoit pas militaire; que les troupes Brunf-
" wickoifes, au fervice de la Hollande, n'a-
" voient point intention de fe battre; que
" l'armée de Clairfayt ne feroit pas prête de
" fi-tôt, & n'étoit compofée que de nouvelles
" levées qui ne valoient pas les nôtres; qu'elle
" étoit d'ailleurs mal approvifionnée; qu'à
" l'égard du général Beaulieu, il étoit grave-
" ment malade, & tranfporté à Luxembourg,
" & fon corps d'armée manquant de tout;
" en un mot, que *la ville ne tiendroit pas plus*
" *de deux ou trois jours, & fe rendroit à la troi-*
" *fième bombe*. " (*Voyez la correfpondance*).

L'homme brave n'eft pas moins circonf-
pect dans fa confiance, que le fage dans fa
crédulité. Miranda ne fe laiffa pas féduire
par l'affurance exaltée de Dumourier, même
en fuppofant certains les renfeignemens que
celui-ci difoit avoir; il ne lui diffimula pas
les obftacles qu'il auroit à vaincre, & il

écrivit même, le 14 février, au miniſtre Beur-
nonville : « L'entrepriſe me paroît étonnante
» & très-difficile ; ainſi j'eſpère que ſi la
» réuſſite n'eſt pas conforme en tout à nos
» deſirs, & à l'eſpoir que vous avez pu for-
» mer, on aura pour nous cette indulgence
» qu'un zèle ardent pour le ſervice & la
» gloire de la patrie, mérite d'une nation
» libre, qui voit ſes enfans courir au dévoue-
» ment avec joie. »

Mais, quelques difficultés que préſentât
l'exécution d'un pareil projet, ſon devoir
l'obligeoit à l'exécuter ; parce qu'il étoit ſou-
mis, comme général en ſecond, aux ordres
du général en chef, ſeul chargé de la reſ-
ponſabilité de l'entrepriſe ; & ce devoir in-
violable, je vous prie, citoyens, d'obſerver
avec quelle exactitude religieuſe il s'eſt empreſſé de le remplir.

On voit d'abord par les lettres de Dumourier, du 23 janvier & du 8 février, que celui-
ci vouloit ſe charger perſonnellement, dans
l'origine, de *prendre Maeſtricht*, & celle de
Miranda, du 28 janvier, annonce les préparatifs qu'il fit alors, en fortifiant proviſoire-
ment les poſtes, pour le ſeconder dans cette
entrepriſe ; & l'on voit même par une du

[27]

7 février, au miniſtre, qu'il alla plus loin : il y annonce que n'ayant reçu aucune nouvelle officielle de la déclaration de guerre à la Hollande ; mais la croyant certaine ſur la notoriété publique, il ſe précautione pour *prendre des forts*, en demandant à cet égard des inſtructions ; & par ſa réponſe du 14 à cette lettre, le miniſtre *approuve ſes meſures & trouve ſes diſpoſitions fort ſages*. Mais bientôt Dumourier reconnoiſſant que ſon *projet eſt hardi, un vrai coup de déſeſpoir* (lettre du 11) il en charge Miranda, laiſſant à Valence & à Lanoue le ſoin de ſoutenir Aix-la-Chapelle, & de défendre le paſſage de la Roër ; & Miranda, dès le 12, lui annonce qu'il va mettre, s'il eſt poſſible, ſes ordres à exécution ; qu'il a pris les forts de *Stevenſwert* & de *Saint-Michel*, & qu'il fait établir immédiatement le pont de *Viſé, très-eſſentiel pour nos opérations ſur Maeſtricht.*

Enſuite il fait faire par les officiers du génie & de l'artillerie la reconnoiſſance des lieux ; il fait venir & *diſpoſer toutes les pièces d'artillerie* qu'on pouvoit ſe procurer dans les arſenaux de l'armée ; *donne ordre aux chefs d'artillerie & du génie de tenir tout près pour l'opération ;* (1) ſe pourvoit de tous les approviſionne-

------

(1) Voyez ces ordres.

mens néceffaires pour le bombardement de fix à huit jours, ainfi que le général en chef le fuppofoit ; fait paffer, conformément à fes ordres, la Meufe à toutes les troupes de l'armée des Ardennes, pour former avec celle de la Belgique, qui gardoit la Roër, une armée d'obfervation, propre à couvrir le bombardement, & garantir l'armée qui faifoit le blocus de Maeftricht, de toutes furprifes ; place fes batteries à la diftance de cinq cents toifes de l'enceinte de la ville ; envoie fes plans pour le bombardement au miniftre, qui, par fa lettre du 22 février, les trouve *très-fages & très-bien concertés*.

Enfin, il ne néglige aucune précaution, & fait avec l'exactitude la plus fcrupuleufe tous les préparatifs néceffaires.

Alors, il ouvre la tranchée, en perfonne, avec tous les chefs du génie & de l'artillerie ; ne quitte pas le quartier-général, fi ce n'eft pour établir des batteries, faire une reconnoiffance, & voir fi les troupes fe tenoient en ordre ; bombarde la ville pendant fix jours, & au lieu des trois bombes qui devoient fuffir, fuivant Dumourier, pour la prendre, en jette cinq à fix mille ; fait aux gouverneur, magiftrats & commandant de la ville des *fommations* où il profite avec

[29]

adreſſe du ſuccès que nos troupes venóient d'obtenir à Bréda , pour jeter dans leurs ames la terreur , & dans leſquelles on ne ſait qu'admirer davantage , ou la fierté du républicaniſme, qui parle au nom d'un peuple libre, ou la dignité de la raiſon, qui cherche à éclairer un peuple eſclave, ou la douceur de la philantropie, qui veut épargner le ſang des peuples pour n'écraſer que les tyrans ; enfin, dans toutes ces opérations, ne prend rien ſur lui, & les communique toujours, & au général en chef, & au conſeil exécutif qui les approuvent. (voyez les lettres des 25 & 27 février, à Dumourier & au Miniſtre, & celle du 28 à Leveneur).

Ce n'eſt pas tout : voyant que le bombardement & les ſommations n'opéroient pas leur effet, il s'occupe à établir des batteries de vingt-quatre pour tirer à boulets rouges ; vingt-quatre pièces alloient tirer ſur la place : il alloit laiſſer la continuation de l'attaque au général Valence, en ſe portant ſur Nimègue (ſon avant-garde étoit déjà ſur Grave) pour empêcher que les troupes Pruſſiennes qui étoient dans la Gueldre ſous le P. Frédéric de Brunſwick n'entraſſent dans la Hollande & n'arrêtaſſent les opérations du général Dumourier.

Mais bientôt il apprend que les ennemis, après avoir attaqué nos avant‑postes sur la Roër, & forcé leur passage à travers l'armée d'observation, commandée par les généraux Valence, Lanoue, Steingel & Dampierre, se portoient rapidement, avec une force de trente-deux mille hommes, sur la partie de Wich pour faire cesser l'attaque ; alors, quoiqu'il n'eût en tout qu'un corps de douze mille hommes à opposer aux ennemis, il les rassemble, fait retirer l'artillerie sur Tongres qu'il couvre par cinq à six mille hommes ; met le reste des troupes sur les hauteurs de Visé derrière le *Jaar*, pour couvrir également la place de Liége ; donne avis au général Valence de se réunir à lui à l'effet de former un corps assez considérable pour s'opposer à l'ennemi : exécute avec succès cette réunion hardie, rallie entièrement toutes ses troupes ; ainsi que quelques postes qui étoient restés en arrière ; opère sa retraite dans le plus grand ordre, & n'y perd pas trente hommes, quoique toujours en face de l'ennemi, & ayant à rappeller l'avant-garde qui étoit à plus de 25 lieues sur la rive gauche de la Meuse ; enfin, fait prendre à l'armée sa position derrière la Dyle, fur les hauteurs de Louvain, où il couvre la Belgique ; protège les opérations de la Hollande, & fe met dans le cas de recevoir facilement tous les renforts qui pouvoient arriver de France, pour agir offenfivement ou déffenfivement fur les ennemis.

Ce fut à cette époque, le 11 mars, que le général en chef Dumourier arriva de la Hollande pour prendre le commandement de toutes les armées.

Miranda s'apperçut dès-lors qu'il apportoit de la Hollande une nouvelle doctrine, & que fon efprit étoit exafpéré contre la convention nationale ; mais il crut que c'étoit un effet du mauvais fuccès de fes plans indigeftes, & le mouvement d'un orgueil humilié qui cherchoit en vain à fe diffimuler fes fautes.

Il eut une occafion nouvelle de le fuppofer, lorfque le lendemain Dumourier lui montra la lettre qu'il écrivoit à la convention nationale, & par laquelle il rejetoit nos pertes fur des caufes qui lui étoient effentiellement perfonnelles.

Mais il étoit loin encore de préfumer que cette injuftice alloit bientôt éclater en une trahifon ouverte. Ils allèrent enfemble paffer l'armée en revue.

Là , Dumourier tint aux foldats des dif-
cours qui paroiffoient tendre à fe les attacher ;
il leur montroit même une gazette des féances
de la fociété des Jacobins , & leur demandoit
ce qu'ils penfoient de la profcription élevée
contre lui dans cette fociété fameufe , à laquelle apparemment il ne pouvoit pardonner
d'avoir prédit fa lâche défeſtion. Miranda
lui fit à ce fujet des remontrances , difant
que de telles démarches lui paroiffoient ré-
préhenfibles ; que l'armée étoit à la république ; qu'il ne devoit pas l'entretenir de
querelles individuelles , ni lui permettre d'y
prendre part. Dumourier parut fe foumettre
à ces réflections, & fut dès ce moment plus
réfervé devant lui à cet égard.

Cependant l'ordre pour l'areftation des
généraux Lanoue & Steingel étant alors
arrivé à Miranda , ainfi qu'au général Valence, Dumourier faifit cette occafion pour
demander à Miranda ce qu'il feroit , fi un
pareil ordre lui arrivoit pour le faire arrêter
lui-même. Ce brave homme lui répondit :
que , comme ferviteur fidèle de la république , il
obéiroit ; mais que d'ailleurs l'ordre ne lui feroit
pas adreffé , attendu que le général Valence étoit
le plus ancien. Il viendra précifement à vous,

lui

lui dit Dumourier , mais *l'armée* n'y *obéira pas*; ainsi, vous n'avez qu'à faire un procès-verbal & le renvoyer. Enfin, t nt l tab e quelque temps après , il alla jusqu'à dire, qu'à la fin , il faudroit venir à Paris. Miranda lui demanda de quelle manière. — Avec l'armée. — Et pourquoi faire ? — Pour rétablir la liberté. — Je crois le remède pis que le mal , répondit Miranda, & certainement , je l'empêcherai , si je le peux. — Donc , vous vous battrez contre moi? — Cela peut êtie , si vous vous battez contre la liberté. — Fort bien , vous ferez Labienus. — Labienus ou Caton, vous me trouverez toujours du côté de la république.—Et la conversation se termina; Dumourier eut l'air de tourner tous ces discours en plaisanterie, lorsqu'il n'eut plus de doute sur la résolution de Miranda. Mais il paroît que dès ce moment, il jura de le perdre.

En effet, il cessa de consulter avec lui les opérations militaires, ne faisant son conseil privé que des généraux Valence , Thwenot & Egalité; le chargea, comme on va le voir, des opérations les plus périlleuses , dans l'espérance que la mort pourroit le débarrasser de fon incommode perfonne ; le calomnia auprès des repréfentans du peuple , commiffaires dans la Belgique ; & furprit à leur *fageffe* un arrêté qu'il garda quatre jours , ou pour l'employer après la mort de Miranda , comme une preuve que ce n'étoit pas lui , Dumourier , qui étoit la caufe de nos revers , ou pour ne pas s'en fervir , fi Miranda furvivoit , & qu'il voulût partager fa trahifon qu'il étoit fur le point de déclarer.

Le lendemain , le 15 mars , on reçoit la nouvelle que les ennemis fe faifoient voir , & avoient attaqué & repouffé les troupes de notre avant-garde qui occupoient Tirlemont. Nous fîmes un mouvement vers cette ville ; & le jour fuivant , vers les neuf heures du matin , Miranda à la tête de fa divifion attaqua les troupes ennemies qui étoient à Tirlemont , prit la ville de force , & les ennemis fe replièrent fur leurs avant-poftes, entre les deux Geete , en avant de Nerwinden. Le 17, l'armée prit fa pofition entre les deux Geete ; la divifion de gauche derrière Wommerfom , à l'exception de vingt-un bataillons fous les ordres du général Champmorin , qui eurent encore le lendemain à paffer la grande Geete.

Enfin, le 18, à le pointe du jour, nous attaquâmes le village d'Orsmael pour prendre le pont, ainsi que le village d'Heelen, avec son pont que les ennemis occupoient.

A dix heures & demie, Miranda reçut l'ordre du général Dumourier de se rendre auprès de lui, à la droite, pour une conférence : il ne put arriver que sur les onze heures : il trouva le général seul avec le maréchal-de-camp Thowenot ; & au lieu d'avoir avec lui une conférence, Dumourier lui donna l'ordre par écrit & cacheté de ce qu'il devoit faire, en lui annonçant que l'on alloit donner bataille. Cet ordre étoit insensé & la bataille une folie : Dumourier n'avoit pas même ordonné du côté gauche la moindre reconnoissance ; nous avions devant nous une rivière, très-peu de ponts sur une grande longueur, & point de pontons pour y jetter ; les ennemis étoient postés sur les hauteurs de Halle & de Wildere, couverts d'une artillerie formidable, tandis que nous étions dans un terrain coupé, où il nous étoit impossible de nous deployer ; ils avoient d'ailleurs plus de 52,000 hommes, lorsque nous en avions à peine 36,000 ; en un mot, il y avoit de la témérité, pour ne pas dire de l'extravagance, à exposer nos troupes, sans préparation & contre les règle de l'art, au fort d'une action, où le feul avantage de la bravoure, avoit contre lui tous les avantages du nombre, du terrain & de l'artillerie.

En vain, lorfque Miranda reçut l'ordre de donner bataille, il voulut commencer à faire à Dumourier des repréfentations ; Dumourier ne voulut rien entendre ; Miranda fut obligé de s'en retourner à fon pofte : & , fon ordre à la main, il inftruifit les commandans des colonnes de leur devoir, en les fommant d'exécuter ponctuellement les ordres du général en chef.

Enfin il attaqua, & (c'eft une juftice qu'il eft bien aife de pouvoir rendre aux troupes de la république,) à l'exception de quelques corps, commandés par de mauvais officiers qui ont abandonné leur pofte, elles ont fait dans cette journée des actes de la plus grande bravoure, dont les viles calomnies de Dumourier ne pourront jamais effacer la gloire.

Mais, comme l'avoit prévu Miranda, leur feul courage ne put tenir contre tous les avantages réunis ; & s'il lui fut impoffible d'empêcher un peu de défordre dans la retraité qu'elles furent forcées de faire, après trois heures du combat le plus fanglant, parce que dans des

circonſtances pareilles , cela n'eſt pas au pou‑
voir d'un général , ainſi que le prouve l'hiſ‑
toire de tous les plus grands hommes de
guerre, anciens & modernes, au moins fut‑
il arrêter la confuſion , rallier ſes troupes, &
les ramener aux poſtes, conformément aux
ordres du général en chef; & le lendemain
& les jours ſuivans, il continua ſa retraite,
encore ſuivant l'ordre du général en chef,
devant Tirlemont, dans la poſition qu'il avoit
priſe antérieurement , en protégeant la retraite
de l'armée. Partie de ſa diviſion de gauche
ſe retira ſur Louvain , prit la poſition de
Pellemberg, où elle fut vigoureuſement atta‑
quée par l'ennemi , l'arrêta dans un combat
qui dura preſque toute la journée du 22 , le
repouſſa à pluſieurs repriſes , lui fit eſſuyer
une très-grande perte , & finit très-heureu‑
ſement ſa retraite pendant la nuit, après avoir
donné le temps à l'armée d'opérer la ſienne
ſur Bruxelles.

C'étoit à ce moment même où Miranda
combattoit ainſi, au péril de ſa vie , pour
la gloire de la république, en couvrant la
retraite de l'armée à Pellemberg, que Dumou‑
rier ſurprenoit aux commiſſaires de la con‑
vention nationale l'arrêté en vertu duquel il

se trouve accusé devant vous ; & vous vous rappellez , citoyens jurés , que le citoyen Lacroix, député à la convention nationale, a déposé que le traître eût la bassesse de lui dire que la bataille avoit été perdue *par la faute du général Miranda*, auquel *il avoit donné l'ordre de se tenir ferme sans combattre*, tandis que l'ordre signé de sa propre main lui enjoint expressément le contraire.

Mais l'ayant obtenu le 21 mars, & sans que Miranda eût même été entendu, il le garde, ainsi que je viens de le dire, pendant près de quatre jours sans en faire usage : & je dois ici renouveller une observation décisive dont on ne sauroit trop se pénétrer.

Pourquoi Dumourier, ayant le 21 l'ordre d'arrêter le général Miranda, ne met-il cet ordre à exécution que quatre jours après?

Il ne peut y en avoir que deux raisons.

Si Miranda venoit à périr, alors il vouloit en représentant l'ordre qu'il venoit d'obtenir contre lui se faire un honneur de sa dénonciation , & rejeter sur Miranda les suites fâcheuses de sa propre impéritie.

Si Miranda survivoit aux dangers dont il avoit soin de l'environner ; & s'il ne parvenoit pas à séduire son inflexible républicanifme ; alors il auroit en main un moyen toujours prêt d'en tirer vengeance.

Ce qu'il y a du moins d'inconteftable, c'eft que fi Dumourier avoit eu Miranda pour complice, non - feulement il n'auroit pas exécuté l'ordre, mais il ne l'auroit pas même obtenu.

Quoi qu'il en foit, cet arrêté du 21 mars, Dumourier ne le fit notifier par un officier de fon érat-major à Miranda, que le 25 à dix heures du foir : & dans cet intervalle, il lui donna différens ordres importans auxquels Miranda fe conforma toujours exactement pour le bien de l'armée. (ord. des 19 ,20, &c.)

Mais , quoiqu'en exécutant fes ordres , il fut loin de prévoir fa perfidie, il crut d'aprés les propos que le traître lui avoit tenus & le danger auquel il venoit d'expofer l'armée contre toutes les règles poffibles , ne pouvoir plus douter qu'il y eut de la trahifon ; & dès le 21 , à fon arrivée à Louvain , il l'écrivit à Pétion, l'un des repréfentans du peuple & membre du comité de fûreté générale.

Le lendemain , non content de lui avoir écrit cette première lettre, il lui en dépêcha un *duplicata* par un nouveau courier , ajoutant que le général en chef lui avoit communiqué fon plan d'une retraite abfolue.

suite, il exécuta cette retraite, ayant toujours à fes ordres les troupes qui étoient le plus en danger, conformément au defir que Dumourier avoit qu'un coup de feu le débarrassât d'un témoin redoutable.

A fon paffage d'Enguien, Miranda ne put s'empêcher de lui témoigner fa furprife & fon indignation au fujet des proclamations infâmes qu'il venoit de publier pour couvrir fes erreurs, dont il rejetoit alors les fuites fur des hommes braves qui s'en plaignoient ouvertement : il lui dit qu'il ne laifferoit pas ignorer à la nation comment & pourquoi fes foldats avoient été facrifiés ; & comme le traître s'exaloit en invectives contre le républicanifme & la liberté pour lefquels il eut l'audace infenfée de prétendre que les François n'étoient pas faits ; il lui répondit qu'un quart d'heure de boutade & de folie de fa part ne lui feroit pas, à lui Miranda, abandonner des principes fondés fur l'expérience de vingt années d'études & de méditations.

Enfin, ce fut après cette converfation, dont il croit fe rappeler que le général Duval fut témoin en partie, que Dumourier lui fit notifier l'arrêté des commiffaires.

On conçoit que Miranda dut être non-

feulement furpris , mais profondemeut affeété d'un coup auffi imprévu : il en dut
être furpris, parce que fa confcience ne lui
reprochoit rien , & qu'il n'avoit pu rien prévoir, les commiffaires de la convention n'ayant
pas cru devoir le prévenir , ni même lui parler
& l'interroger ; & il en dut être profondement
affeété , parce que leur caraétère de repréfen-
tanrs du peuple & leur grande réputation de
républicanifme étoient propres à répandre fur
lui les foupçons les plus flétriffants.

Cependant, il n'eut rien de plus preffé que
de fe rendre à Paris pour fe juftifier, & dénoncer les faits importants qui venoient de
fe paffer entre Dumourier & lui.

Arrivé le 28 au foir, il conjura les citoyens
députés , *Pétion & Bancal*, de prendre, à
l'inftant, tous les moyens de faire connoître
ces faits aux autorités conftituées, ajoutant
qu'il avoit tout lieu de croire que Dumourier
ne confentiroit pas à rentrer en France ; mais
qu'il fe préparoit à quelqu'aéte de la plus
haute criminalité : & c'eft une chofe bien re-
marquable que l'un des officiers de l'armée
que Miranda commandoit, & qui l'avoit
fuivi dans l'intention de faire connoître la
vérité, donna de fa part, à deux autres

membres de la convention , les citoyens *Maignet* & Artaut *Blanval* , les mêmes inſtrudions ; — le lendemain 29 , il ſe préſenta avec une lettre au préſident de la convention pour s'expliquer lui-même à la barre ; mais en vain décréta-t-elle par un premier décret de ce jour qu'il y paroîtroit le lendemain , & que les comités de la guerre & ſûreté générale feroient ſommairement le rapport de ſon affaire , & dreſſeroient la ſérie des queſtions qui lui feroient faites, lors de ſa comparution : la fatalité des circonſtances n'a pas permis que le décret pût être exécuté.

En vain le 22 avril un ſecond décret a-t-il renouvellé les mêmes diſpoſitions ; elles ont été ſans effet comme les premières.

En vain deux jours après un troiſième décret l'a-t-il renvoyé aux comités chargés du rapport pour y être interrogé : il s'eſt empreſſé d'y ſubir ſon interrogatoire ; mais le ſort qui le pourſuit a voulu que le rapport n'ait pas eu lieu.

Enfin , les généraux Miaczinski , Lanoue & Stingel venoient d'être, le 12 avril , renvoyés au tribunal extraordinaire ; & il y avoit un mois que Miranda ne ceſſoit de provoquer ſur lui la lumière avec la confiance d'un homme pur de tout reproche, lorfque la convention nationale, qui n'avoit pu , dans l'immenfité des grands intérêts qui l'occupent , trouver le moment de l'admettre à la barre , & d'écouter le rapport de fes comités militaire & de fûreté générale, déjà prêts en fa faveur, (comme le témoignèrent pour lors à l'af-femblée les citoyens le *Cointre de Verfailles* & *Aubri*, membres defdits comités ,) lorfque la convention nationale , dis - je , l'a compris nommément dans fon décret relatif aux autres généraux ; & c'eft en vertu de ce décret qu'il a été conftitué prifonnier , & qu'il eft accufé de s'être rendu coupable *de haute trahifon de concert avec Dumourier.*

Examinons maintenant , citoyens jurés , cette accufation.

- -

Accufation invraifemblable.

AVANT la falutaire inftitution des Jurés, la juftice ne connoiffait parmi nous que les preuves légales ; elle n'admettoit dans la recherche des délits aucune moralité ; & le juge , ef-clave du témoin , fe trouvoit fouvent obligé de condamner ou d'abfoudre contre fa conviction perfonnelle. Mais aujourd'hui que la réforme de nos lois criminelles a fait heureufement prévaloir les preuves morales, les jurés libres n'ont d'autre règle que leur confcience, & ils peuvent dès lors, avant de prononcer fur le fait, examiner la perfonne de l'accufé ; ou plutôt ils le doivent, puifque la loi permet les témoins apologétiques ; & ce nouveau fiftéme, qui fans favorifer le crime, eft plus favorable à l'innocence, n'a rien d'ailleurs que de conforme aux premiers élémens de la raifon : de même qu'il eft des actions héroïques dont on ne fauroit fuppofer tel ou tel homme capable ; de même il y a des crimes qu'il eft impoffible de croire de la part de tels ou tels individus.

D'après cela, citoyens - jurés, quel eft l'homme accufé devant vous d'avoir *trahi les intérêts & la liberté de la République ?* & jugez à quel point l'accufation bleffe toutes les vra femblances.

Quelle eft d'abord la réputation de Miranda ? Vous venez d'entendre une foule de témoins de tous les âges, de toutes les conditions, de tous les pays, dont la plupart lui font inconnus , mais dont aucun n'a le moindre intérêt à le flatter ; & vous avez vu que s'ils diffèrent entr'eux dans les termes de leurs éloges plus ou moins honorables , ils font tous unanimement d'accord fur fes grandes vertus républicaines.

Quelle a été , depuis qu'il exifte , fa vie habituelle ? vous avez vu qu'il l'a confacrée toute entière à l'étude des fciences, des arts & de la philofophie ; au mépris des rangs , des honneurs & de la fortune ; à la haine de l'oppreffion & du defpotifme, fes perfé-cuteurs ; & fur-tout à la recherche , à la propagation & à la gloire de la liberté, fon idole , fans laquelle il ne croit pas au vrai bonheur des peuples.

Quels ont été dans tous les temps tes dif-cours favoris ?

« Votre conftitution (de 89) ne peut tenir *» avec le mélange de la royauté.*

» Vous ferez toujours trahis dans les ar-» mées, tant qu'elles ne feront pas *purgées de* » *la nobleffe.*

» Prenez-y garde (en parlant du tableau des profcriptions des Triumvirs) , « prenez-y » garde , voilà le fort qui vous attend fi vous

» n'affermiffez l'*empire de vos lois fur* les débris
» de l'*anarchie.*

» Ces deux êtres (l'Impératrice & Jofeph II)
» font nés avec des talens & des vertus, mais
» ils ont été *dénaturés* par *leur métier* ?

» Tel eft dans les mains d'un feul homme
» le pouvoir fouverain que Marc - Aurele &
» Titus n'ont pas eu le courage de rendre au
» peuple fes droits légitimes, tant il eft vrai
» que lors même que *l'homme eft bon*, la chofe
» *eft toujours mauvaife.* »

Voilà comment il s'exprime avec fes amis
dans l'intimité de la confiance & dans l'épan-
chement de ces converfations familières où
l'homme fe peint d'après nature.

D'ailleurs quelle a été fa conduite morale
dans les armées ?

Un grand attentat a-t-il été commis en la
perfonne d'un repréfentant du peuple ? il
fait porter à tous les foldats le deuil qu'il a
dans le cœur. A-t-il occafion de recevoir les
Commiffaires de la convention ? Goffuin,
l'un de ceux même qui l'ont fait arrêter,
vous attefte qu'il eft le feul des généraux
qui s'empreffe de leur rendre l'hommage
qu'il doit à la repréfentation nationale. A-t-
il à défendre les foldats - volontaires contre

l'infolence d'un commiffaire-ordonnateur ? il traite ces braves défenfeurs de la République ave le refpect , & le commiffaire avec le dédain qu'ils méritent.

Enfin quels font les fentimens qui l'animent ?

Il vous a mis à portée d'en juger, par le calme , la dignité , l'énergie & l'élévation qu'il a montrés dans les débats ; & je voudrois pouvoir vous le repréfenter dans fa prifon tel qu'il s'eft offert à moi , pour vous mettre en quelque forte fous les yeux fa grande ame toute entière. Là même fon intérêt perfonnel eft la dernière chofe à laquelle il fonge , ou plutôt fon intérêt perfonnel n'eft rien pour lui , il s'occupe furtout des intérêts de la République , il ne défire que le bien de la République ; il ne parle que de la république , & je puis vous protefter qu'à la veille & pour ainfi dire à l'inftant même du jugement , c'eft avec toutes les peines du monde que je l'ai forcé de me donner les détails néceffaires à fa caufe perfonnelle , il ne m'entretenoit encore que de la caufe publique ; & par cette fublime abnégation de lui - même il m'a , s'il eft permis de s'exprimer ainfi , rappellé Socrate apprenant fon arrêt , fans fe diſtraire des hautes penſées qui l'occupent, & continuant ſon entretien ſur l'immortalité de l'ame

Tel eſt l'homme, citoyens, que la calomnie a traduit devant vous comme criminel de haute trahiſon.

Si l'on diſoit Caton & Brutus furent des traîtres ; les Marſeillois, les Vainqueurs de la Baſtille, les François ſont des lâches ; les Jurés ſont injuſtes, & ce Tribunal anti-révolūtionaire.... qui le croiroit ?.

Eh bien, lorſqu'on dit que Miranda a trahi la République, on dit la même choſe en d'autres termes.

Non, citoyens, les *Jurés injuſtes, ce Tribunal anti-révolutionaire,* les François *lâches,* & *Miranda, Caton & Brutus coupables de trahiſon ;* voilà des choſes que perſonne au monde ne pourra jamais croire.

Mais combien ſur-tout l'accuſation devient-elle incroyable par la prétendue complicité de Miranda avec Dumourier ?

Miranda complice de Dumourier !

Je ne mettrai pas ces deux hommes en parallele ; mais ſans vous peindre l'un, je vous prierai, citoyens, de vous repréſenter l'autre à vous-même, au moins ſous quelques rapports ; & fi vous daignez feulement obferver que Dumourier n'a jamais été qu'un *courtifan intriguant*, un *ambitieux fanfaron & vain*, un homme *faux*, & dès - lors *vil & lache* : vous jugerez non - feulement qu'il n'y a jamais eu entre ces deux êtres le moindre des rapports, fans lefquels on ne fauroit concevoir de complicité ; mais qu'ils offrent même tous les contraftes qui en excluent jufqu'aux apparences : & qu'en un mot, il n'y a rien de plus inconcevable que *Miranda coupable de trahifon*, fi ce n'eft peut-être *Miranda complice de Dumourier*.

Cependant, voyons fi cette accufation qui bleffe toutes les vraifemblances, n'eft pas appuyée de quelques preuves.

Accufation dénuée de preuves.

Avant d'examiner s'il eft vrai que Miranda ait trahi la république, je me demande à moi-même où eft la trahifon, & je la cherche en vain ; la trahifon n'exifte nulle part.

Si la caufe de l'évacuation de Liége, de la levée du bombardement de Maeftricht, & de la défaite de Nerwinden étoit ignorée, il y auroit même alors de la déraifon à conclure de ces échecs une trahifon. L'art de la

D

guerre eſt un art ſi conjectural, que Frédéric a gagné ou perdu preſque toutes ſes batailles contre les règles; & voilà pourquoi Turenne, à qui l'on demandoit comment il avoit été battu, ne ſe crut pas un traître en répondant que c'étoit par ſa faute.

Mais la cauſe de ces échecs eſt connue. Liége eſt ſans défenſe, & l'évacuation en devenoit forcée après la levée du bombarment de Maeſtricht.

Maeſtricht étoit imprenable en cinq à ſix jours par une attaque irrégulière & bruſque, telle que l'avoit ordonnée Dumourier; & dès lors, la levée du bombardement, étoit indiſpenſable.

Quant à la bataille de Nerwinden, cette bataille ayant été précipitamment ordonnée par le général en chef, *ſans aucune reconnoiſ-ſance des lieux, contre les règles de l'art, &* malgré *tous les déſavantages réunis du nombre, du terrain & de l'artillerie,* notre défaite y étoit inévitable.

En un mot, la raiſon de ces différens revers eſt dans la nature même des choſes, mal or-données par l'imprudence ou par l'impéritie de Dumourier; & ce ſeroit une malveillance gratuite que de les attribuer à une trahiſon qu'ils ne prouveroient pas quand la caufe en feroit inconnue.

Je pourrois donc borner ici la défenfe du général Miranda ; car il eft fuperflu de chercher un traître quand il n'y a pas de trahifon ; & le bon fens, d'accord avec la loi, dit que là où il n'y a pas de corps de délit, il ne fauroit jamais y avoir de coupable.

Mais je veux aller plus loin encore, & démontrer qu'en fuppofant la trahifon réelle autant qu'elle eft imaginaire, Miranda même alors feroit irréprochable.

En effet, citoyens, il fe préfente à l'efprit une première obfervation décifive, à laquelle je vous prie de vouloir bien un inftant vous arrêter : c'eft que le bombardement de Maeftricht, la bataille de Nerwinden & l'évacuation honteufe de la Belgique, ouvrages du général en chef qui les avoit ordonnés, font des entreprifes abfolument étrangères à Miranda, qui, non-feulement ne les a point approuvées, mais s'y eft même oppofé de tout fon pouvoir ; & que par conféquent, elles ne fauroient, fans la plus grande injuftice, lui être imputées.

D'ailleurs, une feconde réflexion, non moins importante, vient à l'appui de la première, & porte l'évidence au dernier dégré : c'eſt que tous les témoins, même à la charge de Miranda, vous affirment qu'il a dans ces entrepriſes ponctuellement exécuté les ordres du général en chef, auquel il étoit ſubordonné : & vous avez même vu qu'il n'a rien fait ſans lui *propoſer ſes plans d'exécution, ainſi qu'au conſeil exécutif* qui les a toujours trouvés *fort ſages & très-bien concertés.*

Or, s'il a ponctuellement exécuté les ordres de ſon général en chef, il faut, ou convenir qu'il n'eſt pas coupable, ou prétendre qué la ſubordination dans les armées eſt un crime; tandis que chez un peuple libre, on ne pardonne pas même aux officiers ſubalternes dé battre l'ennemi ſans les ordres de leurs chefs ; & que le reproche d'avoir vaincu, contre les lois militaires, ne ſauroit être effacé par l'éclat mêne de la victoire. (*a*)

Miranda ne pourroit donc être répréhenſible que dans *les détails de l'exécution* : & c'eſt en effet ſur de ſimples *détails* que porte la trahiſon imaginaire qu'on lui impute.

____

(*a*) Entre mille exemples que l'Hiſtoire nous en fournit, je me contente de rappeller au Lecteur celui de Manlius Torquatus qui eût l'infléxible & ſublime courage de livrer à la mort ſon Fils qui lui rapportoit les dépouilles de ſon ennemi, parce qu'il ne l'avoit vaincu qu'en l'attaquant *hors des rangs,* contre les ordres du conſeil de guerre. Hiſt. Rom. de Hooke, l. 3, c. 10.

Mais d'abord il femble affez extraordinaire, qu'ayant *exécuté littéralement les ordres de fon chef, dans des entreprifes conçues fans fa participation, ou même contre fon avis*, il puiffe être dans *les détails* coupable *de trahifon* : & s'il s'étoit gliffé dans ces détails quelques *négligences, quelques erreurs, quelques fautes* ; ces fautes, ces erreurs, ces négligences, ne devroient être jugées que par une cour martiale, & d'après le code militaire : mais dans les tribunaux, où la juftice veut un fait *précis, réputé crime par le code pénal*, elles ne pourroient faire naître une accufation formelle de haute trahifon.

Cependant, citoyens, vous vous rappellez avec quelle force il a réfuté tous ces reproches de détail qui lui ont été faits : je n'imagine pas que vous ayiez oublié la moindre de fes réponfes, tant elles étoient lumineufes ; & je me garderai bien de les répéter pour ne pas les affoiblir : en marchant fur fes pas dans les armées, on eft affuré d'aller à la victoire ; mais fi j'ofois parler après lui, ce feroit m'expofer inutilement à la défaite.

Permettez - moi feulement une obfervation que je crois indifpenfable.

Diftinguez-bien, citoyens, dans l'acte d'accufation, *l'accufation* en elle-même d'avec *les faits* qui la motivent ; & vous verrez qu'autant l'une eft effrayante par fa gravité, autant les autres font peu dignes de fixer un inftant l'attention.

En effet, citoyens, « on l'accufe d'avoir mé-
» chamment & à deffein trahi les intérêts de la
» république, & provoqué fa diffolution, en ne
» s'oppofant pas, & même en facilitant l'inva-
» fion des ennemis de la république fur fon ter-
» ritoire, tandis qu'il avoit tous les moyens
» fuffifants pour l'empêcher ; & de lui avoir
» caufé des pertes incalculables, tant en hommes,
» argent, vivres, que munitions de guerre,
» lefquels font reftés au pouvoir du traître
» Dumourier & de fes adhérans ».

Certes, voilà l'accufation la plus grave qui puiffe être portée contre un général ; car elle renferme à la fois tous les attentats publics réprouvés par la juftice autant que par l'humanité ; & ce feroit un monftre que l'homme qui auroit pu s'en rendre conpable.

Mais cette accufation effrayante, épouvantable, horrible, où font les faits qui la juftifient ?

Encore une fois, je ne dois pas revenir fur ces miférables détails fi victorieufement réfutés par Miranda lui-même : je me borne à vous en préfenter le réfultat.

En dernière analyfe, on lui reproche :

A Maeftricht, la défectuofité des charbons, des grils, des poudres & des bombes.

A Liége, d'avoir affuré plufieurs habitants qu'ils pouvoient être tranquilles, prefqu'à l'inftant où les enaemis alloient y pénétrer.

Et *à Nerwinden*, d'avoir donné bataille malgré le général en chef qui lui avoit ordonné de fe tenir *ferme* pour *former le pivot de l'armée*; d'avoir enfuite *plié fans combattre*; & enfin de n'avoir pas inftruit Dumourier que fon aîle gauche plioit au point de lui laiffer *ignorer*, MALGRÉ TOUTES SES RE-CHERCHES, ce qu'*elle étoit devenue.*

Quels motifs plus légers, plus ridicules ou plus faux d'une accufation plus importante !

Les charbons, les grils, les poudres, les bombes; tout cela, dites-vous, étoit défec-tueux : mais en fuppofant cette défectuofité prétendue, elle n'étoit rien; car les témoins atteftent que le bombardement a duré cinq jours, & qu'ils ont vu la ville confumée en plufieurs endroits par les flammes : d'ailleurs, ces détails étoient fous la furveillance im-médiate & la refponfabilité perfonnelle des

chefs d'artillerie ; le devoir de Miranda sur
ce point confiſtoit à leur donner ſes ordres
de tout préparer pour le bombardement, &
de les punir de leur négligence : ce qu'il a
fait avec la plus grande exactitude, ainſi que
le prouvent encore, & la punition de d'An-
geſt, & les dépoſitions des témoins oculaires.

Quant aux aſſurances que vous lui repro-
chez d'avoir données aux Liégeois, pour ainſi
dire au moment de l'invaſion des ennemis :
premièrement, elles étoient fondées, parce
qu'alors les poſtes de Tongres & de Viſé, où
il ne commandoit pas perſonnellement, pouvoient tenir encore, & n'étoient pas forcés ;
en ſecond lieu, l'un des commiſſaires du pouvoir exécutif, & les officiers municipaux de
la ville eux-mêmes, vous ont atteſté qu'il ne
leur avoit donné ces aſſurances qu'avec toute
la circonſpection poſſible : & d'ailleurs ce qui
prouve de quels ſentimens il étoit alors ani-
mé, c'eſt la ſatisfaction qu'il témoigna lorſqu'on lui apprit le vœu que les habitants
venoient de former de ſe réunir à la France,
& l'empreſſement avec lequel il annonça
au conſeil exécutif cette heureuſe nouvelle.

Enfin, rien ne peut égaler la contradiction,
le ridicule & l'évidente fauſſeté des reproches

[57]

qu'on lui fait au ſujet de Nerwinden.

Et d'abord, obſervez je vous prie, citoyens, combien il eſt contradiĉtoire de prétendre qu'il ait *donné bataille*, & cependant *plié ſans ſe battre* : à moins de ſuppoſer qu'il ait pu combattre, & cependant n'avoir pas combattu.

Enſuite, remarquez à quel point il eſt ridicule de dire que Dumourier n'ait *pu découvrir l'aîle gauche de ſon armée*, quelque *recherche qu'il en ait fait faire* ; à moins de prétendre (pardonnez-moi ces termes) que Miranda ait eu l'art *d'eſcamoter quinze mille hommes*.

Enfin, citoyens, ne perdez pas de vue que dans tous ces reproches, il n'y a pas un mot qui ne ſoit évidemment faux.

Il *eſt faux* que Dumourier *ait ignoré* que l'aîle gauche *plioit* & ce qu'*elle étoit devenue* ; trois meſſages lui furent dépéchés ; Miranda perſonnellement l'inſtruiſit à Tirlemont, ſur les neuf heures du ſoir : & Dumourier étoit ſi bien informé, qu'ayant *ordonné* lui-même *la retraite* de cette partie de l'armée, *il envoya le lendemain* à Miranda *un nouvel ordre à Wommerſom* où il lui avoit enjoint de reprendre, & où Miranda avoit en effet repris ſa première poſition. (*a*)

____

(*a*) Voyez les ordres des 17 & 19.

[58]

Il est *faux* aussi que l'aîle gauche ait *plié sans combattre* : les témoins affirment qu'un général d'artillerie Guiscard, & trente officiers ont été tués ; qu'un aide - de - camp de Miranda est mort à ses côtés ; que près de *deux mille hommes* sont restés sur le champ-de bataille ; & que les troupes ont fait des prodiges de valeur.

Mais ce qu'il importe, citoyens, de vous redire encore, de répéter sans cesse à la France, & d'annoncer à l'Europe entière ; c'est QU'IL EST FAUX SUR - TOUT QUE DUMOURIER EUT ORDONNÉ A MIRANDA DE NE PAS COMBATRE. Vous avez sous les yeux *l'ordre contraire, écrit de sa propre main;* & *Lacroix* lui - même, que Dumourier avoit trompé, vient presque à l'instant de le reconnoître.

Ainsi disparoissent, tels que des ombres, ces misérables faits d'une accusation effrayante ; & s'évanouit comme un fantôme, ce colosse informe d'attentats imaginaires.

Mais ce n'est pas assez pour la gloire de Miranda, citoyens, d'avoir établi que cette accusation, en elle - même invraisemblable, est d'ailleurs *dénuée de preuves* : je soutiens qu'elle est *démontrée fausse* par les preuves les plus irrésistibles.

Accusation démontrée fausse par les faits.

Que Dumourier *ait trahi* sa patrie ; cela n'est pas douteux, & dès qu'il a pu la trahir une fois, il ne l'a jamais sincérement aimée.

Mais bien qu'au fonds de l'ame il ait toujours été traître, cependant, il ne s'est pas toujours montré tel dans ses actions : car enfin il ne trahissoit pas la république, lorsqu'il chassoit les ennemis de son territoire, ou qu'il faisoit la conquête de la Belgique, & commençoit l'invasion de la Hollande.

Ainsi, l'époque à laquelle on doit réellement fixer sa trahison, est l'époque de ses revers : des faits constants peuvent d'ailleurs vous en convaincre.

On voit d'abord, par sa correspondance avec Miranda, qu'il regardoit son entreprise de la Belgique & de la Hollande comme un coup décisif, duquel dépendoit, non-seulement la liberté de la France, mais le sort de l'Europe entière.

D'un autre côté, cette même correspondance prouve qu'il est vain & présomptueux par caractère : tantôt il se compare à Caton ; tantôt il s'élève au-dessus de Luxembourg ; toujours il regarde ses projets comme infaillibles : & telle est l'idée avantageuse qu'il a de lui-même, qu'il prétend en un endroit que le courage des troupes Françoises a befoin du *preſtige de ſa préſence* : on diroit qu'il eſt perſuadé, qu'au feul fon de ſa voix, les armées ennemies doivent ſe diſſiper, & les fortereſſes tomber anéanties.

Or, quand cet homme préſomptueux & vain, a vu cette entrepriſe infaillible ſuivant lui, mais déciſive, manquer par ſon impéritie ; & la victoire qu'il croyoit aſſervir à ſon char l'abandonner ; le délire de l'orgueil lui a tourné la tête, & comme il n'avoit été républicain que par ambition, il s'eſt montré traître par déſeſpoir.

Ce n'eſt donc réellement qu'à ſon retour de Hollande que Dumourier a eu l'idée de ſa trahiſon ; & ce n'eſt même qu'après l'arreſtation de Miranda qu'il l'a ouvertement déclarée.

Cela poſé, comment à cette époque ces deux hommes ſe comportoient-ils l'un envers l'autre?

1° Il eſt certain, par leur correſpondance que juſqu'alors Dumourier avoit toujours conſulté Miranda avec une confiance abſolue, & qu'il régnoit entr'eux une intelligence parfaite, une amitié preſqu'intime ; mais que dès ce moment Dumourier a commencé à ne plus faire ſon conſeil que des

généraux Valence , Egalité , Thowenot ; &
plufiéurs témoins vous ont appris qu'alors
il fuyoit Miranda , comme Miranda s'éloi-
gnoit de lui ; ne mangeans plus à la même
table , & vivans tous deux dans une méfiance
réciproque.

2° A cette époque , avant même que
Dumourier fe fût déclaré traître , & lors
que les commiffaires de la convention fpé-
cialement chargés auprès de lui d'une active
furveillance , ou n'avoient pas eu l'art de le
foupçonner , ou croyoient devoir encore
jetter un voile fur fa trahifon ; à cette époque
Miranda feul a eu le courage de dénoncer
fes projets liberticides. Ce fait eft conftant ,
& par la lettre qu'il écrivit alors à Pétion ,
& par la déclaration qu'il lui fit à fon arrivée à Paris , ainfi qu'à Bancal ; & par
l'avertiffement qu'il fit donner par un des
officiers qui l'avoient accompagné jufqu'ici ,
aux deux autres députés , Maignet & Blanval.

3° Enfin à cette époque où ces deux hommes
jufqu'alors parfaitement unis vivoient fé-
parés , & où Miranda dénonçoit les projets
liberticides & trop conftans de Dumourier ,
Dumourier calomnioit Miranda auprès des

repréſentans du peuple, pour le livrer à la vengeance nationale.

Telle étoit leur conduite réciproque, au moment même où l'on voudroit qu'ils fuſſent d'intelligence. Eſt-il une preuve plus invincible, non-ſeulement que Dumourier n'avoit pas Miranda pour complice, mais qu'au contraire Miranda n'eſt ici que la victime de Dumourier ?

Quant à la conduite particulière de Miranda, elle dément l'accuſation de *trahiſon*, comme la conduite réciproque de ces généraux dément l'accuſation de complicité : car vous avez la preuve, citoyens - jurés, non-ſeulement qu'il n'a pas trahi, ni même négligé les intérêts de la République, mais qu'au contraire il les a bien utilement défendus. Des témoins oculaires vous atteſtent qu'à Maeſtricht il n'a *quitté* le quartier général que pour *aller deux ou trois fois* par jour à *la tranchée*, ou faire des *reconnoiſſances;* ils vous atteſtent qu'à Nerwinden il étoit *à la tête de ſes troupes*, combattant au milieu du plus grand danger, aſſailli par les balles, environné de morts, dont un de ſes aides-de-camp tué à ſes côtés, & couvrant ainſi, par une des plus glorieuſes retraites, la retraite de l'armée, qui peut-être n'eût pu refifter à l'impétuofité des ennemis fans cette vigoureufe refiftance : en un mot ces témoins oculaires vous atteftent que par - tout & dans tous les temps ils l'ont vu le *premier & le dernier au feu*, ne mangeant quand il falloit, *que du pain*, comme le foldat, ou *couchant avec lui fur la paille*, & par là lui donnant l'exemple du courage, de la tempérance & de toutes les vertus républicaines.

Mais je m'aperçois, citoyens, que je vous parle de juftification lorfque le général Miranda n'a pas befoin d'être juftifié. J'abandonne une accufation qui n'auroit jamais dû paroître, que l'Europe aura peine à croire, & que vous vous hâterez d'anéantir.

Songez qu'en décidant du fort du général Miranda, vous allez prononcer fur le fort de nos armées ; car fi Miranda n'obtient pas une fatisfaction éclatante, Dumourier feul eft juftifié ; nul homme n'ofera dévoiler à l'avenir la perfidie des généraux confpirateurs : les feuls généraux confpirateurs auront intérêt à commander, & dans ce moment fur - tout où la révolte dans l'intérieur de nos départemens & le defpotifme fur nos frontières exigent, à la tête de nos

armées des généraux expérimentés & incor-
ruptibles, c'en est fait de la République
Françoise.

F I N.

Chez BARROIS l'aîné, Libraire, quai des
Auguftins, N° 19,

www.ingramcontent.com/pod-product-compliance
Ingram Content Group UK Ltd.
Pitfield, Milton Keynes, MK11 3LW, UK
UKHW020034100726
13658UKWH00003B/1317